AF253748

UN CENTRE

DE COLONISATION

EN ALGÉRIE

PAR

Maxime RASTEIL

... Je demande au Gouvernement de vouloir bien veiller sur l'Algérie et non seulement pour y appliquer des lois nouvelles et y faire des réformes qu'attend le Pays, mais je dis que quelles que soient ces lois et ces réformes elles seront vaines si vous n'apportez pas en Algérie un double assainissement politique et social

(Discours de René Viviani à la Chambre des députés.)

BONE

IMPRIMERIE L. ROMBI & RASTEIL

14, rue Bugeaud, 14

—

1895

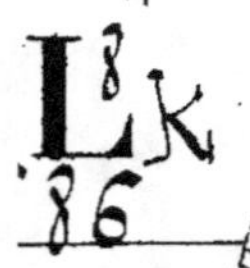

UN CENTRE

DE COLONISATION

EN ALGÉRIE

PAR

MAXIME RASTEIL

> ... Je demande au Gouverne-
> ment de vouloir bien veiller sur
> l'Algérie et non seulement pour
> y appliquer des lois nouvelles et
> y faire des réformes qu'attend le
> Pays, mais je dis que quelles que
> soient ces lois et ces réformes
> elles seront vaines si vous n'ap-
> portez pas en Algérie un double
> assainissement politique et social
> *(Discours de René Viviani*
> *à la Chambre des députés.)*

BONE

IMPRIMERIE L. ROMBI & RASTEIL

14, rue Bugeaud, 14

1895

UN CENTRE
DE COLONISATION
EN ALGÉRIE

PAR

MAXIME RASTEIL

... Je demande au Gouvernement de vouloir bien veiller sur l'Algérie et non seulement pour y appliquer des lois nouvelles et y faire des réformes qu'attend le Pays, mais je dis que quelles que soient ces lois et ces réformes elles seront vaines si vous n'apportez pas en Algérie un double assainissement politique et social

(Discours de René Viviani à la Chambre des députés.)

BONE
IMPRIMERIE L. ROMBI & RASTEIL
14, rue Bugeaud, 14

1895

UN
CENTRE DE COLONISATION
EN ALGÉRIE

I

L'histoire politique et sociale d'un centre de colonisation en Algérie n'a jamais été scrupuleusement racontée. Les mille faits, publiés au jour le jour par la presse, n'ont pas été groupés en une étude consciencieuse.

Le type définitif du village algérien, avec ses rivalités locales, ses mœurs particulières, ses compétitions, ses abus, manque encore aux archives, pourtant fort volumineuses, du gouvernement général.

Avant nous, on avait déjà pu dire : « Qui a vu un centre de colonisation en Algérie, les connaît tous. Ils sont tracés et bâtis invariablement sur le même modèle. Le chef-lieu de canton a un maire, un juge de paix, un suppléant, un médecin de colonisation, un commissaire de police, un conducteur des ponts et chaussées, un commis-greffier, un interprète, un curé, un instituteur, un receveur des postes et un garde-champêtre. »

Numériquement, cette définition est à peu près exacte ; mais au point de vue moral, elle ne signifie rien ou signifie peu.

Les personnalités qui s'agitent dans un centre de colonisation prennent parfois une importance extraordinaire.

On a vu, pour ne parler que du procès Rouach, ce que peut faire un receveur des postes lancé dans la politique et le rôle plus ou moins dissolvant qu'il peut jouer.

Mais fort heureusement, empressons-nous de le dire, tous les villages de la colonie n'ont pas leur Rouach, de même qu'ils n'ont pas leur Sapor, leur Pourailly, leur Salles, leur Courtiès et leur Mauguin.

Ces personnages se transforment à l'infini, suivant le milieu, les influences et les caractères.

Autour de chaque clocher algérien s'agitent les passions les plus diverses, les rivalités les plus vivaces, les haines les plus invétérées ; mais si elles diffèrent d'intensité, elles ont presque toutes la même origine : c'est-à-dire le recrutement des fonctionnaires, des magistrats et de leurs créatures.

Prendre les colonies comme elles sont, les accepter en bloc avec leurs défauts, leurs vices et leurs individus, est un axiome qui a fait son temps.

Il importe, au contraire, de réagir contre ce qui existe et de rechercher avec une impartialité absolue, toutes les causes qui ont provoqué cet état morbide du corps social algérien.

Le centre de colonisation d'Oued-Zénati se trouve admirablement placé pour nous servir d'étude.

II

Rien ne le prouve mieux que l'émotion vraiment extraordinaire manifestée par certaines personnalités locales avant même l'apparition de cette brochure.

Sans même savoir de qui et de quoi il allait être question dans ces pages, on s'est livré à des intrigues de toutes sortes afin d'obtenir notre silence.

Le malheur est que les influences de droite et de gauche n'ont pas accès auprès de nous, et que lorsqu'une œuvre d'épuration ou d'assainissement est jugée nécessaire, il n'y a rien qui puisse nous arrêter.

Cette crainte exagérée de la presse indépendante est d'ailleurs un signe caractéristique qui se rattache à notre étude.

D'une manière générale, il faut poser en principe que, dans les villages algériens, il y a une coterie dirigeante toujours prête à étouffer ses scandales et à implorer le silence sur ses turpitudes.

Oued-Zénati ne fait pas exception à la règle, et depuis trop longtemps les quelques personnages encombrants de ce chef-lieu de canton ont réussi à ne rien laisser transpirer au dehors des abus de pouvoir, des actes arbitraires et des méfaits de tous genres qu'ils ont impunément commis.

Quand on détient la justice, la pharmacie, la police, la mairie, le service vicinal, que sais-je encore? on peut braver les coups du sort; mais on n'est pas cependant à l'abri de ceux que peut porter la presse libre à une pareille association d'intérêts et à un semblable syndicat d'appétits.

S'il ne fallait évidemment s'en rapporter qu'à certains entrepreneurs de littérature officielle dont les flagorneries s'adressent indistinctement à chaque village de notre province, le centre d'Oued-Zénati serait un paradis enchanteur. Dans ce paysage délicieux on ne rencontrerait que des fonctionnaires d'élite et des magistrats incomparables !

C'est au moyen de ce cliché *ne varietur* qu'on présente l'Algérie à l'admiration des français... de France susceptibles de venir planter leur tente sur le sol de la province de Constantine.

Hélas ! ceux qui se laissent prendre à des

descriptions aussi mensongères devront compter avec le revers de la médaille.

Combien n'a-t-on pas fait de victimes avec cette impudente réclame quasi officielle, qui n'a d'autre but que d'attirer ici de pauvres cultivateurs, dont le maigre capital est bientôt dévoré par cette pieuvre insatiable, nommée l'Administration algérienne !...

Il y a mieux à faire aujourd'hui que de perpétuer cette équivoque et de prétendre, dans des livres subventionnés, que l'émigrant de la Métropole trouvera, en Algérie, les ruisseaux de lait et de miel de la terre promise.

Ce qu'il importe surtout, c'est d'éviter que nos colons désabusés ne quittent notre sol sans esprit de retour, en maudissant une colonie où l'on n'a su leur procurer que la misère, l'insécurité, l'injustice, la maladie et la ruine !

Il faut aussi que le fonctionnaire sérieux, probe et indépendant sache qu'en s'aventurant en Algérie, il sera tracassé, abaissé et terrorisé par de misérables politiciens, qui ne reculeront devant aucune infamie pour asservir sa conscience et l'associer à leurs turpitudes électorales.

En un mot, c'est faire œuvre utile que de

montrer l'Algérie telle qu'elle est, alors que
tant de scribes officiels la montrent telle
qu'elle n'est pas.

III

Pour aussi bizarre que cela puisse parai-
tre, il est certain que la politique ne joue
pas un rôle actif dans les querelles locales
qui divisent les fonctionnaires d'Oued-Zénati. Ce fait mérite d'être signalé, car bien
peu de centres de colonisation algériens
échappent aux influences politiques du milieu. Il est rare, en effet, de trouver un village de cette importance où les opinions des
fonctionnaires ne soient pas cataloguées
avec force pièces et états signalétiques à
l'appui.

L'école opportuniste et judaïsante a éle-
vé presque partout la mouchardise à la
hauteur d'une institution, et le fonctionnaire
abonné à une feuille qui professe des doc-
trines indépendantes, est presque toujours
l'objet d'une surveillance spéciale. « Dis-moi
ce que tu lis, je te dirai qui tu es ! » Tel est
le dernier précepte de la morale opportuniste
algérienne.

C'est donc avec une satisfaction évidente que l'on doit enregistrer en première ligne cette sorte d'indépendance intellectuelle qui caractérise actuellement le personnel administratif du centre d'Oued-Zénati. Il n'en faudrait pas conclure cependant que la politique a perdu tous ses droits.

Les journaux de la région y ont leurs correspondants et leurs lecteurs, leurs amis et leurs ennemis — j'irai même plus loin en disant qu'ils y comptent même des actionnaires.

Mais tout cela ne semble point influer outre-mesure sur l'opinion.

L'honorable M. Bovet est un maire et non un tyranneau, et si l'on consultait l'ensemble des derniers votes d'Oued-Zénati, aux élections législatives, on aurait la certitude que M. Thomson n'a pas eu à se louer des électeurs de cette commune où le vote paraît avoir été libre.

M. Thomson s'en est si bien aperçu qu'il a usé immédiatement de représailles, écrivant dans toutes les directions — et même au directeur du Bône-Guelma — pour réclamer la révocation des fonctionnaires et des agents signalés comme hostiles à sa candidature.

La situation électorale et politique d'Oued-Zénati s'est-elle modifiée depuis 1893 ? Il y paraît fort peu. Il est vrai que depuis cette époque M. Bovet a été gratifié de l'ordre du Mérite agricole, mais en dépit des éloges outrés des scribes de l'*Indépendant*, on est unanime à croire que cette décoration ridicule n'a pas converti le maire d'Oued-Zénati au culte thomsonien.

M. Bovet, malgré quelques employés compromettants qui l'entourent, et dont nous reparlerons en temps utile, reste flottant entre les partis, et nous n'avons pas à lui demander son sentiment personnel.

C'est un colon de la première heure, qui a beaucoup fait, beaucoup travaillé et dont le mérite est hors de doute. Comment se fait-il, dès lors, que malgré son savoir-faire, son autorité et sa compétence, la commune qu'il administre soit acculée à une situation devenue intolérable ?

Par suite de quelles fâcheuses circonstances Oued-Zénati est-il en proie à des rivalités de fonctionnaires, lesquels en sont arrivés à des accusations et à des dénonciations quotidiennes vraiment épouvantables pour ceux qui les connaissent ?

M. Bovet n'a-t-il pas fait preuve de faiblesse en laissant la trinité Bensse-Rossigneux-Pupunat mettre les griffes sur sa commune, alors qu'il a poursuivi d'une haine incompréhensible le docteur de colonisation M. Richardin ?

C'est ce que nous allons examiner impartialement dans nos prochains chapitres, avec des documents irréfutables qui jetteront un jour singulier sur cet étrange conflit.

IV

Le centre d'Oued-Zénati se distingue, depuis plusieurs années, par une série de questions qui, pour être sur le point d'être résolues, ne perdent rien encore de leur acuité.

Quiconque veut s'intéresser aux choses et aux gens de ce village doit savoir qu'il existe tout d'abord la question Richardin. En second lieu, il doit apprendre qu'il y a aussi — et surtout — la question Rossigneux-Bensse, c'est-à-dire d'un côté la médecine, et de l'autre la justice et la pharmacie communiant sous les mêmes espèces.

Il existe bien encore la question Pupunat, commissaire de police, gai, galant, universel, et la question Pellaroque, conducteur des Ponts et... Mosquées ! On parle beaucoup également du secrétaire de mairie Terrancle, individu peu recommandable par ses antécédents et auquel M. Bovet aurait pu s'épargner de confier l'écritoire du secrétariat de la commune.

Mais ces derniers personnages officiels ou officieux ne sont que des comparses s'agitant autour des acteurs principaux.

Qu'est-ce donc que la question Richardin?

Oh ! celle-là est capitale ; c'est, pour ainsi dire, celle qui sert de thèse à notre étude afin de montrer de quelles haines on peut poursuivre un honnête homme, un fonctionnaire consciencieux, un savant, sous les prétextes les plus invraisemblables.

Un mot d'un magistrat en dira plus sur M. le docteur Richardin qu'un long préambule. Lorsque l'honorable médecin de colonisation d'Oued-Zénati se présenta dans le cabinet du juge d'instruction de Guelma pour obtenir réparation des accusations monstrueuses portées contre lui par M. le juge de paix Rossigneux et consorts, M. Raymond — celui-là même qui poursuivit l'ignoble Rouach en dépit de ses protecteurs — put s'écrier : « Mais c'est une nouvelle affaire Willigens que la vôtre ! »

Certes il n'est douteux pour personne que M. Richardin n'ait été, lui aussi, victime de machinations odieuses et de complots tramés dans le prétoire d'un juge de paix en même temps que dans le laboratoire d'un pharmacien, beau-père du susdit magistrat.

3

C'est là un fait avéré et reconnu ; il ne reste plus qu'à démêler le mobile de ces vengeances anonymes au travers des mille intrigues auxquelles elles ont donné lieu.

Mais avant de nous livrer à ces minutieuses recherches, avant de démasquer les persécuteurs de M. Richardin, il est peut-être indispensable de voir ce qu'il est et d'établir un parallèle entre sa personnalité bien connue et ceux qui ont voulu sciemment le perdre.

Si la sympathie ne se commande pas, il est une chose qui aurait dû commander à tous de respecter le docteur Richardin dans ses fonctions médicales, car elles furent toujours irréprochablement et humainement remplies.

Qui ne se rappelle la funeste épidémie cholérique qui, durant l'été de 1893, fit des ravages terribles dans les villages environnants?

La terreur était partout dans la région, et le docteur Serres fut l'objet, au Kroubs, de sévères critiques.

Plusieurs cas se produisirent à Aïn-Abid, station voisine d'Oued-Zénati. C'est alors que le docteur Richardin fit preuve d'un zèle et d'un dévouement infatigables. Trois cas se produisirent à Oued-Zénati et grâce au docteur de colonisation, ils ne furent suivis d'aucun décès.

En même temps, M. Richardin se prodiguait sur la ligne et arrachait à la mort de nombreux employés du Bône-Guelma, ce qui lui valut d'être porté à l'ordre du jour de cette compagnie.

Aux habitants de cette région qui venaient demander des secours médicaux à la préfecture de Constantine, M. le secrétaire général Esménard répondait alors : « Félicites-vous, à Oued-Zénati, d'avoir le docteur Richardin ; avec lui vous n'avez rien à craindre ! »

Et c'est ce fonctionnaire irréprochable qu'un juge de paix, aidé d'un pharmacien, devait accuser quelques mois plus tard, de tous les crimes, et dont M. Bovet demandait avec insistance le changement à tous les échos de son conseil municipal.

Comment cela s'était-il produit?

Nous allons en connaître bientôt les causes inavouables.

V

Avant d'entrer dans le vif des questions irritantes qui divisent le centre d'Oued-Zénati, il est indispensable d'établir qu'au point de vue professionnel et scientifique, la réputation de M. Richardin était absolument intacte.

Ancien médecin-major de l'armée, ayant suivi les cours de sommités médicales de Paris, il eût été bizarre que la population pût trouver que ce médecin n'avait pas assez de titres pour mériter sa confiance.

Beaucoup de villages de la Colonie se contentent de bien moins que cela, et l'on voit souvent des communes très honorées de posséder un officier de santé ou un sous-vétérinaire quelconque en guise d'Esculape.

M. Richardin devait donc réussir à Oued-Zénati. En dépit d'une brusquerie d'allures qu'on a fort exagérée, sa situation devait être celle d'un fonctionnaire intelligent et scrupuleux qui ne doit rencontrer que des sympathies dans l'exercice de ses pénibles fonctions médicales faites de zèle et de dévouement.

Pour le malheur de M. Richardin — malheur que partageront sans doute tous les médecins communaux ou autres appelés à Oued-Zénati — ce village avait un juge de paix affligé en guise de beau-père du pharmacien local !

Déjà. le drame se devine. Sans aller plus avant, on a une vague idée de ce qu'une pareille association peut tramer dans l'ombre contre un honnête homme décidé à faire son devoir.

La loi — ou plutôt un règlement d'administration publique — a placé les médecins de colonisation dans une situation tellement fausse vis-à-vis des maires et des conseils municipaux, on a si peu songé à délimiter d'une manière précise leurs droits et leurs attributions que ces fonctionnaires se trouvent à la merci du premier venu. Les plaintes signées ou anonymes s'abattent sur eux comme grêle, et le dernier des conseillers municipaux illettrés se croit permis de demander la suppression des indemnités communales qui complètent leur traitement.

Si le médecin de colonisation ose indiquer à la commission d'hygiène les mesures de salubrité nécessaires à la santé des habitants, on prend pour des tracasseries les avis qu'il donne et les mesures qu'il croit devoir faire exécuter lorsque sa responsabilité de médecin est engagée vis-à-vis de l'Administration supérieure en cas d'épidémie.

S'il fait assainir un quartier, demande à ce qu'on éloigne à la distance réglementaire les dépôts d'immondices, prend des mesures prophylactiques dans les écoles, on le considère comme un halluciné ou comme un fou.

Le docteur Richardin n'a échappé à aucune de ces nombreuses vexations à Oued-Zénati ; mais cela n'est rien auprès des odieuses imputations criminelles dont il a été l'objet par la suite.

Dans un village, un médecin de colonisation peut se mettre au-dessus de l'opinion des petites gens, mais il n'en est pas toujours de même lorsque ce sont les notabilités du crû — et quelles tristes notabilités parfois ! — qui l'accusent formellement des crimes les plus imaginaires !

Qu'on en juge par cette rapide énumération : Trois mois à peine après son arrivée à Oued-Zénati, M. Richardin était successivement accusé d'*incendie*, de *faux* et *usage de faux*, d'*injures à un magistrat décoré*, d'*em-*

poisonnement, de *folie*, et l'on allait jusqu'à demander au procureur général d'Alger qu'il fût procédé à son *examen mental !*

Or, quelle était l'origine de toutes ces accusations, plus fausses et plus ineptes les unes que les autres, puisque M. Richardin a été l'objet d'une ordonnance de non-lieu ?

Toutes ces accusations, savamment combinées pour le perdre, venaient tout simplement de ce fait, à savoir que le beau-père du juge de paix M. Rossigneux est pharmacien à Oued-Zénati et que cet apothicaire du nom de Bensse se livrait aux douceurs de la pharmacie et de la médecine illégales !

VI

En arrivant à cet endroit de notre étude, nous comprenons combien les persécuteurs de l'honorable docteur Richardin étaient intéressés à obtenir le silence, car les pages qui vont suivre constituent un acte d'accusation contre lequel ils seront impuissants à se défendre.

Peut-être nous serions-nous montré moins sévères s'ils avaient été plus modérés dans leurs attaques et moins passionnés dans leurs délations ; mais on ne doit pas la modération à ceux qui ont usé de la violence, de la perfidie et de la haine.

C'est au tour des accusateurs de devenir accusés, et si au travers des mailles administratives, les Rossigneux, les Bensse et les Pupunat ont pu échapper jusqu'à ce jour aux légitimes représailles du docteur Richardin, ce dernier n'en a pas moins droit à une réparation éclatante et publique.

Ainsi que nous l'avons écrit il y a quelques jours, le passé des persécuteurs de M. Richardin ne brille pas précisément par une blancheur immaculée.

S'il y a des taches dans le soleil, il en existe un joli stock dans les diverses existences des prétendus notables d'Oued-Zénati !

Qu'est-ce donc que M. Bensse, sur le prénom duquel les registres de l'état-civil de Blidah ne sont pas d'accord et qui détient au chef-lieu de canton le record de la pharmacie consultante et traitante ?

M. Bensse (Henri) a dû naître à Blidah le 6 novembre 1848. Il débuta — non pas dans la pharmacie — mais dans la vie par le commerce du son et de la farine.

Cela devait fatalement lui donner plus tard le goût de fabriquer des cataplasmes et autres émollients.

Toutefois le son et la farine ne réussirent point à enrichir M. Bensse. Il ne mangea pas son fonds de commerce, mais il fit des affaires déplorables, qui le décidèrent à aller chercher fortune à Bordeaux.

Là, sans aucun diplôme, il eut le génie d'installer une pharmacie au n° 142 du boulevard Victor-Hugo, anciennement rue des Fossés. Hélas ! au bout de ces fossés, il devait encore faire une jolie culbute !

Dans sa nouvelle incarnation, M. Bensse eut une clientèle douteuse. Les bordelais, qui sont toujours gais, ne le comblèrent pas précisément de leurs faveurs.

La pharmacie Bensse périclitait d'une effrayante façon et son titulaire se vit obligé de chercher des ressources dans la contrefaçon des fameuses *Pilules Brachat,* dont la réclame a envahi depuis longtemps la quatrième page de tous les journaux du monde.

Mais Brachat fut mauvais coucheur et ne l'entendit pas de cette oreille. Il intenta à l'apothicaire Bensse un bon petit procès, qui mit en déconfiture le pharmacien qu'attendait Oued-Zénati.

De là à faire le dernier saut, il n'y avait qu'un pas, et ce fut à la date du 13 août 1889 que M. Bensse, ce persécuteur acharné de l'honorable M. Richardin, put s'écrier : « Enfin, nous avons fait faillite ! »

VII

Après son dernier avatar de Bordeaux,
l'apothicaire M. Bensse n'eut plus qu'une
ressource : revenir en Algérie pour y chercher son pain quotidien et pour donner
libre cours à ses merveilleux talents pro-
fessionnels.

Ce fut dans ces conditions que l'illustre
contrefacteur des *Pilules Brachat* vint s'installer, un beau jour, à Oued-Zénati, en
qualité de pharmacien.

L'Algérie est, en général, très accueil-
lante aux nouveaux venus. L'occasion
s'offrait encore une fois à M. Bensse de se
faire oublier par une attitude modeste :
pour son malheur, il ne sut pas la saisir.

En se confinant derrière les bocaux de sa
pharmacie et en restant dans les limites de
son laboratoire, M. Bensse (Henri) pouvait
aspirer au repos. Mais ses instincts repri-
rent bientôt le dessus.

M. Bensse voulut augmenter les maigres

bénéfices que procure, à Oued-Zénati, le débit des produits pharmaceutiques.

Comme au début de sa carrière, il ne se contenta point de délivrer aux malades des solutions sur ordonnance. Il traita lui-même et devint pour tout le village apothi-caire-pharmacien-médecin- traitant et con-sultant !

On a beau s'appeler M. Bensse (Henri) et posséder pour gendre le juge de paix du canton, M. Rossigneux, de pareilles illé-galités sont répréhensibles, dangereuses et doivent susciter de regrettables conflits.

C'est ce qui arriva.

Tandis que fort de sa parenté avec M. le juge de paix d'Oued-Zénati, et de la protec-tion que lui accordait M. le maire Bovet, — sans doute en sa qualité de propriétaire de l'immeuble pharmaceutique, — M. Bensse se lançait à corps perdu dans la manipula-tion du Codex, on apprit bientôt que cet illustre pharmacien traitant ne possédait aucun diplôme !

Croyez-vous que le Parquet sévit, que le maire s'émut et que l'administration ordonna sur l'heure la fermeture de cette officine? Les choses se passèrent en douceur. On in-vita M. Bensse à solliciter, pour la forme, l'obtention d'un *brevet de pharmacie au titre algérien*, et la protection aidant, le contrefacteur des *Pilules Brachat* fut enfin à l'abri de la rigueur des justes lois qu'on ne lui avait pas appliquées !

Loin de modérer l'enthousiasme qu'il avait pour sortir de ses attributions de pharmacien, M. Bensse commença alors une campagne en règle contre le médecin de colonisation d'Oued-Zénati, qu'il considérait comme un concurrent déloyal, et c'est alors que se forma contre l'honorable docteur Richardin cette association occulte dans laquelle entrèrent M. Bensse, son gendre, le juge de paix Rossigneux, et Pupunat, commissaire de police.

Le maire d'Oued-Zénati — et c'est un regret pour nous d'avoir à faire cette pénible constatation — suivit le mouvement et favorisa ce trio de dénonciateurs par son attitude nettement hostile au docteur Richardin.

Si cet honorable fonctionnaire n'a pas succombé vingt fois sous cette coalition ténébreuse, s'il a résisté aux coups qui lui furent portés et aux accusations épouvantables lancées contre lui par ceux-là mêmes appelés à en témoigner à l'administration supérieure, il doit s'estimer relativement heureux de son sort.

Ceux qui, effrayés déjà de la portée de nos articles et de nos révélations, commencent dans la feuille des Rouach et des Sapor une correspondance *anonyme* dans le but d'égarer l'opinion des honnêtes gens sur cette affaire, sont incapables de nous donner un démenti qui ait quelque valeur.

Le dossier que nous avons entre les mains et l'enquête que nous avons faite à Oued-Zénati ne laissent planer aucun doute sur ce drame de la persécution dont M. Richardin a été la victime

Il a droit à une réparation éclatante, et nous la donnerons au mépris de ses adversaires, qui savent trop bien que nous avons toujours été le défenseur des causes justes, des faibles et des opprimés.

Il ne suffit point de dire, comme on ne peut manquer de le faire, que M. Richardin est un « hypocondriaque et un fou dangereux. » C'est une piètre défense. Cela n'excuse point l'apothicaire Bensse d'avoir exercé illégalement la pharmacie et la médecine, et son gendre Rossigneux de l'avoir protégé avec tous ses comparses.

Notre étude impartiale vise plus haut qu'une mesquine question de personnes ou de politique. On pourra s'en convaincre d'ailleurs par l'exposé rapide des accusations portées contre le docteur Richardin.

VIII

Qu'est-ce que M. Rossigneux, juge de paix du canton d'Oued-Zénati, qui joue un rôle singulier — pour ne pas dire plus — dans cette monstrueuse affaire ?

M. Rossigneux était précédemment suppléant à Aïn-Beida, pays illustré par Rouach, et il suffirait à coup sûr de consulter ses greffiers successifs pour être édifié sur sa valeur morale autant que professionnelle.

La rumeur publique ne lui est pas moins défavorable. C'est un magistrat vindicatif, assez bien apparenté, et dont l'intelligence, il faut savoir le reconnaître, aurait énormément gagné à s'occuper de tout autre chose que de persécuter à outrance le docteur Richardin, c'est-à-dire un fonctionnaire aussi honorable qu'il croyait pouvoir l'être lui-même.

Ce qu'il y a surtout de caractéristique dans le cas de M. Rossigneux, c'est que M. Bovet, maire d'Oued-Zénati, cherche depuis long-

temps à en débarrasser sa commune et il
doit avoir pour cela d'excellentes raisons.
Celles-ci semblent d'ailleurs tout à fait
étrangères au conflit Richardin : elles constituent ce que nous appelions au début de
nos chapitres la seconde question qui occu-
pe le village, c'est-à-dire la questions Rossigneux.

Nous n'en parlons qu'incidemment, pour
bien montrer la physionomie des persécuteurs du médecin de colonisation et pour
établir le degré de bonne foi que la justice
devait accorder à leurs accusations mensongères.

En devenant le gendre de l'apothicaire
Bensse, M. Rossigneux devait inévitable-
ment épouser toutes les rancunes et toutes
les querelles du pharmacien traitant d'Oued-
Zénati. C'est ce qu'il fit, comme on le verra,
sans trêve, sans pitié, suscitant au jour le
jour des difficultés nouvelles au docteur
Richardin et essayant de le perdre.

Et, chose inouïe, le jour où ce dernier
triompha de ce tissu d'accusations tramées
contre son honneur, M. Rossigneux donna
la mesure de son sens moral en faisant offrir
des excuses au docteur Richardin... N'ayant
pu réussir à le faire expédier aux galères ou
à le faire enfermer dans un cabanon, le juge

Rossigneux donnait galamment sà main à
baiser à sa victime !...

Le docteur Richardin refusa toute récon-
ciliation de ce genre. Il jugea que les tribu-
naux et la presse avaient pour devoir de
confondre ses calomniateurs et ses dénonciateurs, et c'est pour nous un devoir de
faire remarquer encore une fois que la presse
a devancé l'œuvre de la justice.

Passons au troisième acteur de ce drame,
c'est-à-dire au commissaire ne police du
canton, l'universel M. Pupunat. En sa qualité de juge de paix, M. Rossigneux ne pouvait moins faire que d'associer son subor-
donné à sa campagne de calomnies contre
le médecin de colonisation. Il fit de ce policier l'exécuteur de ses hautes et surtout
de ses basses œuvres.

Ce fut M. Pupunat, tristement célèbre par
ses aventures libidineuses et par les cada-
vres qu'il a sur la conscience, que l'on char-
gea de jouer à Oued-Zénati le rôle de Javert
dans les *Misérables*.

Le docteur Richardin le trouva à chaque
heure sur sa route pour l'espionner, le déni-
grer, établir de faux rapports et susciter
des conflits à l'occasion de chaque décès
suspect ou non survenu sur le territoire de
sa circonscription médicale.

La bêtise d'un commissaire de police tou-

jours entre deux absinthes n'a pas de limites ; on verra par la suite que celle de M. Pupunat a souvent atteint des proportions
monumentales. Ce policier ne se contentait
pas de coucher avec les femmes que ses
agents enfermaient à la geôle ; il avait reçu
de MM. Bensse et Rossigneux des instruc-
tions telles qu'il ordonnait et requérait vis-
à-vis du docteur Richardin à toute heure du
jour et de la nuit.

Nous voici enfin familarisés avec les principaux personnages de cette étude. Le moment est venu de les juger d'après leurs
mérites et la valeur de leurs accusations.

IX

Il y a eu des incendiaires fameux dans l'histoire, et tout le monde a lu les exploits de la bande des *Chauffeurs* qui s'illustra au commencement du siècle.

Si le parquet de Guelma s'en était rapporté aux plaintes inventées par M. Rossigneux, juge de paix, contre le docteur Richardin, cet honorable médecin de colonisation aurait laissé bien loin derrière lui les criminels souvenirs des fervents de la torche.

Il y avait à peine trois mois, en effet, que M. Richardin était en fonctions à Oued-Zénati lorsqu'il fut l'objet d'une plainte en règle pour avoir mis le feu. Le feu à quoi? Le docteur avait-il incendié, comme Omar, la bibliothèque d'Alexandrie?... Avait-il réduit en cendres la mosquée du village ou la pharmacie de l'apothicaire Bensse? Avait-il porté la flamme dans le cabinet du juge Rossigneux?

Hélas, non! Mais le crime du docteur n'en était pas moins épouvantable...

Figurez-vous qu'*en vertu d'une décision de la Commission d'hygiène*, et en présence d'un agent de police, M. Richardin avait mis le feu à une demi-douzaine de chardons secs situés au centre du village!

Tel était l'incendie criminel dont on l'accusait, lui fonctionnaire qui avait fait exécuter une délibération rendue dans l'intérêt de la sécurité et de la salubrité publiques.

La municipalité ne voulant pas se résoudre à faire disparaître ces herbes inutiles et dangereuses, le médecin de colonisation, comme c'était son devoir, avait opéré lui-même.

Un voisin, le sieur Pac, suffisamment stylé par un vieux débris de l'autorité locale, déclara que le feu allumé par le docteur s'était communiqué à son jardin et le commissaire rédigea un interminable rapport.

C'est ce qui permit à M. Rossigneux d'avertir M. Richardin qu'il avait reçu une plainte très grave contre lui et que ce qu'il avait de mieux à faire était d'aller trouver immédiatement le procureur de la République de Guelma.

Le docteur suivit ce conseil, et il demandait le lendemain audience à M. Bourdeau.

Ce magistrat déclara ignorer totalement cette affaire. Dès que M. Richardin la lui eut racontée, le procureur de la République partit d'un éclat de rire et il pria le docteur d'inviter, de sa part, M. le juge de paix Rossigneux de jeter au panier une plainte aussi ridicule.

Mais ce dernier fut difficile à se laisser convaincre, et malgré le désistement du sieur Pac, malgré l'offre faite par M. Richardin de payer les quatre sous de dégâts commis involontairement dans le jardin, M. Rossigneux insista pour qu'il y eût une instruction régulière.

Le 20 juin 1894, le docteur écrivait au procureur de la République de Guelma la lettre suivante :

« J'ai mis le feu pour faire disparaître des immondices et ai agi dans l'intérêt de la salubrité. Si le maire avait fait exécuter les délibérations de la Commission d'hygiène, je n'aurais pas eu besoin de le faire moi-même. »

Enfin, plusieurs mois après, M. Féline, juge d'instruction, constatait que le « feu avait été mis par Richardin sans intention criminelle. »

Et c'est ainsi que se termina cette première et *grave* accusation portée contre le médecin de colonisation d'Oued-Zénati à l'instigation de M. Rossigneux et de ses comparses.

On verra que les persécuteurs intéressés de M. Richardin n'en sont pas restés sur leur premier échec.

Le papa beau-père, M. Bensse, illégalement inscrit d'ailleurs sur les listes électorales malgré ses malheurs commerciaux, allait bientôt sortir de la coulisse.

X

Il y a des choses bien curieuses, il faut
l'avouer, dans le dossier des plaintes accu-
mulées par la trinité Bensse-Rossigneux-
Pupunat contre le docteur Richardin.

Mais l'histoire du soi-disant incendie
allumé par la main coupable du médecin de
colonisation d'Oued-Zénati n'est pas la plus
divertissante, et bien que l'on puisse juger
par cette accusation de la valeur des autres,
il est indispensable de passer une revue
sommaire des dénonciations perfides grou-
pées avec art pour perdre un fonctionnaire
honorable et dévoué.

Combien sont persécutés de la sorte dans
notre colonie ! Combien succombent parce
qu'ils ont voulu suivre le droit chemin sans
frayer avec les gens au passé douteux qui
inondent nos trois provinces !

Il y aurait un livre bien curieux à écrire
sur le martyrologe des fonctionnaires algé-

riens sacrifiés aux rivalités des uns et aux rancunes électorales des autres.

La population si hétérogène de nos centres et le cosmopolitisme si déplorable de nos villes se prêtent admirablement à ces drames obscurs de la colonisation.

Il est certain qu'en Algérie, le fonctionnaire français d'origine doit vivre dans un état dégradant de domesticité vis-à-vis des gens venus on ne sait d'où, aventuriers d'hier ou naturalisés de demain, qui peu à peu usurpent les places et arrivent aux fonctions électives qui confèrent le pouvoir.

C'est dans cet étrange milieu que le fonctionnaire français doit se débattre, car l'indépendance de son caractère le désigne presque toujours à l'animosité de ceux qui l'entourent. Et c'est alors que l'on voit surgir, comme à Oued-Zénati, ces associations bizarres dont le but est de déconsidérer et de perdre ceux qui sont un obstacle à la danse en rond des intérêts, des bénéfices et des appétits.

Le docteur Richardin en sait quelque chose ; l'accusation d'incendie n'ayant pu l'atteindre, on allait lui imputer toute une série de méfaits nouveaux.

Un sieur Aboucaya, interprète gravitant dans l'orbite du juge de paix Rossigneux, déposa bientôt contre le médecin de colo-

nisation de la façon suivante : « *M. Richardin a apporté un jour la tête d'une jeune fille,
l'a mise sur une table et a pris l'apéritif devant !* »

Cela ne vous fait-il pas frissonner, ô chi-
rurgiens fameux, chefs de cliniques, employés des refroidissoirs et des amphi-
théâtres de nos hôpitaux ?

Le juif Aboucaya, sur lequel nous édifie-
rons tout à l'heure le public, continue en
vrai spécialiste son accusation contre le
docteur Richardin :

« *Le docteur, dit-il, a une façon à lui de faire
les autopsies : il emploie des instruments bizarres...* »

Nous avons tout lieu de croire que M.
Richardin n'a jamais employé le sécateur
pour ce genre d'opération... Peut-être la
surprise d'Aboucaya vient-elle de cet oubli.

« Un jour, poursuit l'interprète de Rossigneux, au douar Smala, au *grand scandale
des arabes*, le docteur a couvert une grande
superficie du sol avec les viscères d'une
femme... »

Ce à quoi le docteur Richardin répond à
l'enquête :

« C'est faux. J'ai toujours traité les cada-
vres avec décence. Il m'est même arrivé
dernièrement de recoudre moi-même un
cadavre autopsié parce qu'il n'y avait per-

sonne pour le remettre en cet état. Si j'ai préparé une pièce anatomique pour servir de pièce à conviction, on doit m'en savoir gré, etc. »

Cette réponse paraît toute naturelle, mais ce qui est curieux à apprendre, c'est le fonds que l'on doit faire sur les déclarations de l'interprète juif du juge de paix Rossigneux.

Le frère d'Aboucaya (Léon), le nommé Aboucaya Jacob, ex-huissier à La Calle fut traduit devant la Cour d'assises de Bône, et l'on affirme que M. Thomson n'aurait pas été étranger à son acquittement.

Un autre frère de l'éminent interprète d'Oued-Zénati, l'ex-inspecteur de police de Constantine, Aaron Aboucaya, fut poursuivi et condamné pour corruption et concussion.

Ah ! on recrute drôlement, en Algérie, le corps des interprètes judiciaires !

XI

Du moment que l'interprète Aboucaya,
cet israélite de si bonne famille, attaquait
et critiquait le docteur Richardin au point
de vue professionnel, les persécuteurs du
médecin de colonisation n'avaient plus à
se gêner.

Et de fait, ils ne se gêneront plus, multi-
pliant leurs accusations et en produisant
chaque jour de nouvelles.

Au Conseil municipal, c'est un sieur
Arnaud qui demande le remplacement de
M. Richardin « parce que, dit-il, il refuse
de soigner les indigents ! »

« — Quand donc ai-je refusé des soins
aux indigents et quels sont-ils ? » répond le
docteur à l'enquête.

Le 27 novembre 1894, le Conseil municipal se base sur le refus de M. Richardin de
constater un décès suspect pour *supprimer
son indemnité de logement à partir du 1ᵉʳ janvier 1895,*

Mon Dieu ! de quoi les illettrés du Conseil municipal d'Oued-Zénati allaient-ils donc s'occuper en la circonstance et pour qui prend-on un médecin de colonisation dans certains centres pour le traiter avec une pareille désinvolture?

M. Richardin avait un assez grave motif pour refuser de constater le décès dont il s'agit. Ecoutez plutôt sa déposition :

« — J'ai refusé de délivrer un certificat de décès parce qu'on a refusé de me faire connaître comment était survenue la mort d'un sieur Lanssalade et les symptômes qui l'avaient précédée. Celui qui l'a veillé m'a déclaré que Lanssalade avait été soigné par le pharmacien Bensse. J'ai donc agi selon mon droit et comme le commandait mon devoir. Mon intention était de faire un rapport sur ce décès suspect, mais le juge de paix Rossigneux, gendre du pharmacien traitant, s'est empressé de me requérir à l'effet d'aller faire immédiatement une autopsie chez des arabes, et on a profité de mon absence pour enterrer le mort après treize heures alors que la loi en exige vingt-quatre ! »

Cette affaire du décès Lanssalade en dit long sur l'origine des agissements du trio Rossigneux-Bensse-Pupunat contre l'honorable docteur Richardin.

On comprend tout l'intérêt qu'avaient le gendre et le beau-père à faire disparaître ce cadavre. C'est l'apothicaire Bensse qui avait soigné illégalement le *de cujus*.

Il est vrai que M. Pellaroque, conducteur des ponts et... mosquées, déclare le contraire, mais il est fâcheux pour M. Pellaroque qu'il soit en procès avec M. Richardin et qu'il ait d'ailleurs souvent appelé l'illustre contrefacteur des *Pilules Brachat* à lui prodiguer ses soins.

L'exercice illégal de la médecine par M. Bensse est affirmé par un grand nombre de personnes. Un nommé Joseph Canto a fait soigner son enfant par le pharmacien pour une angine. Une dame Lecca a dit dans un magasin du village qu'elle avait fait soigner ses enfants par Bensse, et elle s'est montrée surprise que tout le monde n'en fasse pas autant.

Le beau-père du juge Rossigneux soignait aussi les enfants indigènes ; il est dénoncé pour ce fait et alors se produit une chose bizarre : le brigadier de gendarmerie refuse de dresser procès-verbal, et se livre à un semblant d'enquête dans laquelle les indigènes sont censés avoir déclaré que le pharmacien traitant habite Constantine et non Oued-Zénati !...

— Mais alors, fait observer le docteur

Richardin, pourquoi n'a-t-on pas obligé les indigènes à désigner ce pharmacien? Si ce n'était pas M. Bensse, c'en était un autre aussi coupable que lui?

Nous n'en finirions plus s'il fallait citer un par un tous les cas où l'ancien apothicaire bordelais s'est illégalement substitué au médecin de colonisation, créant ainsi un antagonisme dangereux pour la santé des gens et poussant l'audace jusqu'à prétendre à l'enquête qu'**il avait été obligé de rectifier des ordonnances du docteur Richardin qui auraient pu empoisonner!**

Un vil apothicaire rectifiant les ordonnances d'un docteur, voilà encore des procédés qui nous montrent l'Algérie fin-de-siècle sous un nouveau jour!

Le beau-père du juge Rossigneux ignorait sans aucun doute, en accouchant d'une pareille déclaration, qu'aux termes des arrêts de la Cour de Paris des 12 février 1869 et 24 mars 1870, *les pharmaciens n'ont aucun droit de rectifier, changer ou modifier les ordonnances des médecins,* et que ce fait constitue l'exercice illégal de la médecine.

Mais M. Bensse (Henri) se moquait bien de cela. Son but était de faire le vide autour du docteur Richardin, et l'on conçoit que lorsqu'un pharmacien s'empresse de dire aux gens qui lui apportent une ordonnance

de leur docteur que celui-ci veut les tuer,
çà n'encourage guère les familles à conti-
nuer leur clientèle à un médecin aussi
expéditif.

Quant à savoir de quelle façon le médi-
castre M. Bensse *rectifiait* les ordonnances
du docteur Richardin, ceci est un mystère.
Nous constatons simplement qu'il y a eu
des décès bien suspects à Oued-Zénati.

XII

Dans son incarnation de pharmacien traitant, M. Bensse était naturellement appuyé par le parti dirigeant d'Oued-Zénati. Grâce à son gendre, M. le juge de paix Rossigneux, tout le monde soutenait l'apothicaire contre le docteur.

On le commettait même quelquefois à faire des expertises médico-légales !...

Lorsqu'il advenait qu'un malade, soigné par M. Bensse et se sentant perdu, faisait appel *in extremis* à M. Richardin, il se produisait alors un phénomène des plus bizarres.

Un sieur Bernier étant décédé, le 6 avril 1895, dans ces circonstances, le commissaire de police Pupunat, sous-ordre de M. Rossigneux, vint en état d'ébriété à dix heures et demie du soir et sans mandat ni réquisition, pour procéder à la visite du mort !... Pupunat flaira tous les flacons et opéra la saisie des médicaments sans les mettre sous scellés... Détail bien suggestif, ces remèdes avaient été préparés à la pharmacie Bensse par un élève de 14 à 15 ans !

L'universel commissaire de police voulut requérir le docteur Richardin d'avoir à lui adresser un rapport circonstancié sur la mort de Bernier ; le docteur répondit qu'il ne pouvait faire de rapport médico-légal que requis par la justice et après autopsie.

Ce simple aperçu donne déjà une idée des conflits qui devaient se produire chaque jour — et tout cela parce qu'un pharmacien au passé plus que douteux exerçait illégalement la médecine, de même qu'il était illégalement inscrit sur les listes électorales.

L'Administration supérieure et le Parquet de Guelma qui ne connaissaient qu'imparfaitement les relations de M. Rossigneux et de M. Bensse, en référaient chaque fois au juge de paix du canton pour avoir des détails précis.

Comme on le présume, tous les rapports de M. Rossigneux étaient défavorables au docteur Richardin et tendaient à rendre le beau-papa Bensse aussi innocent que l'agneau qui vient de naître.

Le 4 janvier 1895, le procureur de la République de Guelma écrit Parquet gé-

néral : « M. Bensse est victime de dénonciations calomnieuses. »

Pourquoi ne poursuivait-il pas alors
l'auteur de ces dénonciations ?

Mais voici le bouquet, c'est la lettre que
le procureur général, faussement renseigné
par le juge Rossigneux, adressait au Parquet de Guelma une année avant, à la date
du 14 janvier 1894 :

« Le juge de paix, disait-il, a accusé le
docteur Richardin d'avoir *commis des délits
et même un crime* (le crime d'incendie volon-
taire ! ! !) Il faut faire la lumière, la sécurité
publique pourrait être compromise. Si M.
Richardin est *irresponsable* qu'on le fasse
visiter et qu'on en donne avis à l'Administration. »

Savez-vous que répond « l'aliéné » Richardin à cette lettre vraiment phénomé-
nale ? Il fait preuve, pour un fou, d'un assez
grand bon sens :

« Je demande, dit-il, à être visité puisque
c'est le désir du procureur général. La
conclusion de tout ce qui arrive, c'est qu'il
y a une responsabilité encourue par la
justice, car elle ne peut sortir de ce dilem-
me : Ou je suis fou, et alors le juge de paix
et le substitut qui me requièrent pour faire
des autopsies médico-légales sont coupa-

bles, ou je ne suis pas fou, et alors la justice aurait déjà dû sévir contre ceux qui avancent une pareille infamie. »

Mais le docteur Richardin avait beau se défendre : il était enserré dans les mailles de la conspiration ourdie par ses adversaires. L'apothicaire Bensse était l'objet de tous les égards alors qu'on le poursuivait, lui, fonctionnaire sain et loyal, comme un homme dangereux !

L'illégalité florissait sur les rives d'Oued-Zénati.

C'était le monde renversé !

XIII

Nous aurions encore beaucoup de faits topiques à enregistrer avant de terminer cette étude, qui a causé une assez grande émotion dans une partie de notre département. Mais les pièces que nous avons mises sous les yeux de nos lecteurs et les preuves que nous avons fournies des odieuses persécutions dont on a poursuivi le docteur Richardin, nous dispensent d'insister.

Aussi bien les attaques que nos articles nous ont values de la part d'une presse qui s'évertue à voir en M. Bensse un modèle de vertu commerciale et civique, et dans M. Rossigneux, le d'Aguesseau du prétoire d'Oued-Zénati, nous sont un sûr garant de l'efficacité de cette campagne.

On a même parlé, un peu vite sans doute, d'un procès en suspens sur notre tête. Nous l'attendons avec sérénité, réservant pour les audiences du tribunal de Guelma,

déjà célèbre par l'affaire Rouach, des inci-
dents et des révélations qui pourraient
peut-être intervertir les rôles...

L'instruction ouverte au sujet de l'inscrip-
tion *illégale* de M. Bensse sur la liste électorale d'Oued-Zénati a refroidi l'enthousiasme procédurier de son entourage, et toute
réflexion faite, le parti dirigeant du crû
estime qu'un débat judiciaire serait aujour-
d'hui beaucoup trop compromettant, car
bien des masques sont déjà tombés depuis
que nous avons commencé cette étude.

La physionomie des persécuteurs de M.
Richardin est tout à fait relief, et lorsque
nous aurons signalé une accusation aussi
ridicule que les autres de *faux en écriture*
portée par un sieur Manka contre le médecin de colonisation coupable d'*avoir passé un
billet à ordre à un tiers*, il ne nous restera
plus qu'à examiner impartialement quelle a
été l'attitude de l'honorable M. Bovet,
maire d'Oued-Zénati, à l'égard du docteur
Richardin.

Nous n'avons pu nous défendre d'un
sentiment pénible en constatant que, sans
le vouloir peut-être et pour des causes dif-
férentes, M. Bovet a encouragé les Rossigneux, les Bensse et les Pupunat dans
leurs abominables machinations.

On doit la franchise à ses amis, et c'est ce

qui nous permet de regretter sincèrement que M. Bovet ait accentué administrativement les conflits suscités par les adversaires intéressés du docteur Richardin.

Entre les persécuteurs acharnés du médecin de colonisation et ce dernier, il semble que M. Bovet aurait dû établir un parallèle et ne point laisser supposer à tous qu'il faisait chorus avec ce singulier trio.

Nous l'avons déjà dit, la sympathie et l'antipathie ne se commandent pas; mais si l'on ne devait s'en rapporter qu'aux plaintes réitérées de M. Bovet contre M. Richardin, il en faudrait conclure que le maire d'Oued-Zénati a péché par excès de zèle.

Dès 1893, M. Bovet dit que le docteur ne fait pas son service, soulevant ainsi ce problème : — en quoi un maire peut-il apprécier exactement le service d'un médecin de colonisation qui ne relève nullement de l'autorité municipale?

En février 1894, M. Bovet fait part au préfet d'une pétition des colons des villages, pétition rédigée par un M. Fray, adjoint spécial de Rénier, auquel M. Bovet a rendu de bien gros services...

Il dit aussi que M. Richardin refuse de constater les décès, alors que depuis plusieurs mois le docteur n'est jamais appelé

à faire lesdites constatations et qu'on re-
quiert pour cela n'importe qui.

Résumons-nous en disant que le 19 janvier 1895, M. Bovet faisait à son tour une
déposition d'une gravité exceptionnelle à
l'encontre du docteur Richardin en disant :
*« Que le médecin de colonisation était un danger
public. »*

Ainsi qu'on le voit, pour l'honorable M.
Bovet, ce n'était pas l'apothicaire Bensse,
pharmacien traitant, beau-père du juge
Rossigneux, falsificateur de pilules et d'ordonnances qui était un danger public...
C'était le médecin de colonisation du village !

Décidément l'humanité est quelquefois
sujette à de singulières erreurs.

XIV

Le moment est venu de conclure.

Aussi bien ces quelques chapitres n'auront-ils pas été perdus pour tout le monde.

En faisant la lumière complète sur les rivalités qui ont depuis trop longtemps divisé les fonctionnaires du centre d'Oued-Zénati, en montrant la gravité des conflits dont tout le monde avait à se plaindre, nous avons indiqué à l'Administration supérieure la marche qu'elle avait à suivre pour mettre un terme à cette situation intolérable.

L'honorable M. Bovet a cru qu'en remplaçant le médecin de colonisation par un médecin communal — ce qui est un fait accompli — il serait débarrassé de la question Richardin, et qu'en demandant le départ du juge de paix, la question Rossigneux serait tranchée.

Cette solution radicale présente bien quelques inconvénients ; la meilleure preuve en est que M. Rossigneux est toujours à son poste...

En ce qui concerne le docteur Richardin, que l'Administration a mis en congé de trois mois avec traitement en attendant une autre destination, ce qui prouve qu'il n'est pas aussi « dangereux ni fou » que l'ont prétendu ses persécuteurs, il faut bien reconnaître que M. Bovet n'a rien résolu du tout.

M. Richardin disparaît le front haut, sans avoir encouru aucune disgrâce, laissant au contraire les Bensse, les Rossigneux et les Pupunat sous le coup de la légitime réprobation du public au courant de leurs indignes manœuvres. Soit. Mais derrière M. Richardin, il y a une question de principe qui subsiste tout entière ; c'est celle que nous avons soulevée en disant : En quoi un médecin de colonisation peut-il être sacrifié par l'autorité municipale dont il ne relève pas ?

Est-il admissible, en un mot, qu'un maire tolère dans sa commune qu'un apothicaire en faillite ouvre boutique de pharmacien, se fasse inscrire sur la liste des électeurs et se livre *urbi et orbi* à l'exercice illégal de la médecine, alors que ce même magistrat municipal dénonce comme un « danger public le médecin de colonisation et supprime son indemnité de résidence?

Non! Une telle attitude ne se comprend point. Le centre d'Oued-Zénati n'aurait jamais été le théâtre des vilenies que nous avons dénoncées si la justice avait fait strictement son devoir au sujet de M. Bensse, beau-père du juge Rossigneux.

Il importe qu'en notre Algérie des fonctionnaires irréprochables ne deviennent pas l'objet de persécutions aussi odieuses que celles dont le docteur Richardin a eu à souffrir; il importe surtout que l'on délimite exactement les attributions de chacun pour mettre un terme aux conflits administratifs de toute nature dont souffre la population de nos villages.

La substitution des médecins communaux aux médecins de colonisation est-elle capable de donner de bons résultats?

C'est une expérience à faire.

Toutefois, nous doutons qu'à Oued-Zénati, par exemple, le nouveau médecin communal reste longtemps en odeur de sainteté auprès du pharmacien-médicastre M. Bensse, qui rectifiait les ordonnances du docteur Richardin avec une si parfaite désinvolture.

Il y a néanmoins une indication dont il convient de tenir compte dans la tendance qu'ont un certain nombre de municipalités algériennes à se pourvoir de préférence de médecins communaux.

Si l'on part de ce principe que les médecins, à quelque titre qu'ils soient nommés, font toujours preuve de dévouement dans l'exercice de leurs fonctions, il en faut conclure que certains maire trouvent dans le médecin communal un instrument plus docile et plus asservi à leurs caprices.

Et Dieu sait quels types de maires possède la colonie !...

En résumé, le docteur communal perd en indépendance tout ce que le médecin de colonisation avait encore gardé de respect et de dignité professionnelle.

Il y a déjà beaucoup trop d'abaissement dans les caractères et dans les fonctions, en Algérie pour, qu'en thèse générale, on puisse se féliciter de cette substitution dans les centres où elle paraissait encore inutile.

A M. le gouverneur général de décider, d'après cette étude et les runseignements qu'il pourra recueillir, si la médecine de colonisation a vécu ou s'il entend lui conserver l'intégrité de ses droits et de ses privilèges.

FIN

72